LE CARNAVAL
DU PARNASSE,
BALLET HEROÏQUE,
REPRÉSENTÉ
PAR L'ACADEMIE-ROYALE
DE MUSIQUE
Le vingt-trois Septembre 1749.
ET REMIS AU THÉATRE
Le Mardi 22 Mai 1759.

PRIX XXX SOLS.

AUX DÉPENS DE L'ACADÉMIE.
A PARIS, Chez la V. DELORMEL & FILS, Imprimeur de ladite Académie, rue du Foin, à l'Image Ste. Genevieve.
On trouvera des Livres de Paroles à la Salle de l'Opera.

M. DCC. LIX.
AVEC APPROBATION ET PRIVILEGE DU ROI.

Les Paroles, de feu Monsieur FUZELIER.

La Musique, de Monsieur MONDONVILLE.

ACTEURS CHANTANTS

Dans les Chœurs.

Côté du Roi.		Côté de la Reine.	
Mesdemoiselles.	*Messieurs.*	*Mesdemoiselles.*	*Messieurs.*
Larcher.	Lefevre.	D'alliere.	S. Martin.
Cazau.	Le Page, C.	Massont.	Albert.
Le Tourneur.	Rozé.	Salaville.	Jaubert.
La Croix.	Archambaud.	Dauger.	Tourcaty.
Durand.	Touvoy.	Lachantrie.	Durand.
Dubois, c.	Scelle.	Edmée.	Chappotin.
Flamery.	Rose.	Emilie.	Favier.
	Robin.	Roussel.	Feret.
	Antheaume.	Héry.	Du Perrier.
	Parant.		Boy.

AVERTISSEMENT.

LE titre de ce Ballet justifie la légéreté de son plan : le badinage doit régner seul dans les jours du Carnaval, & ne permettre qu'aux jeux d'en occuper les agréables moments ; ils ne sont pas faits pour les désespoirs & les élégies de Melpomene.

On ne prétend donner ici qu'un spectacle qui fournisse à Thalie, à Euterpe & à Terpsicore un champ libre pour promener leur imagination. On ignore si ce mélange sera goûté du Public : l'intention de lui plaire est toûjours certaine chés les Auteurs ; le succès n'y répond pas toûjours : & l'on s'égare quelquefois en cherchant de nouvelles routes pour arriver au bonheur de le contenter. Mais que ce Public judicieux veuille bien songer qu'il est souvent plus facile d'être régulier que d'être varié, & d'attendrir que d'amuser.

ACTEURS DU PROLOGUE.

CLARICE,	Mlle Dubois, L.
FLORINE,	Mlle Lemiere.
DORANTE,	Mr Larrivée.
UN BERGER,	Mr Pillot.
BERGERS, *jouant des Instruments*,	Mrs Brunel, Sallantin C.

BERGERS & BERGERES.

PERSONNAGES DANSANTS
DU PROLOGUE.

JARDINIERS & JARDINIERES.

Mlle VESTRIS.

Mr. LAVAL. Mlle. RIQUET.

Mlle. DEMIRÉ.

Mrs. Trupty, Dupré, Rivet, Hus, Desplaces, Hamoche, Gardel, Valentin.

Mlles. Couppé, Chaumard, Morel, Martigny, Armand, Thételingre, Procope, Saron.

LE CARNAVAL
DU PARNASSE,
BALLET HÉROÏQUE.

PROLOGUE.

Le Théâtre repréſente un Jardin orné.

SCENE PREMIERE.

CLARICE, ſeule.

QUE ce beau jour promet d'heureux inſtants !
Qu'avec plaiſir ſur ces bords on s'arrête !
Les Bergers vont ici célébrer le Printems,
Et déja les oiſeaux en annoncent la fête.

Ruiſſeaux, qui parcourés ces valons enchantés,
Que votre doux murmure & vos flots argentés
Pour les tendres cœurs ont de charmes !
Vous raſſemblés les jeux, l'innocence & la paix,

L'amour ſeul fait rêver ſur vos rivages frais,
Des amants malheureux vous calmés les allarmes.

On entend un prélude.

Oiſeaux, habitants de ces bois,
Florine vient du chant vous diſputer la gloire:
La légéreté de ſa voix
Poura lui donner la victoire.

SCENE II.

CLARICE, FLORINE.

FLORINE.

AUgelleti voi amate
Sempre cantate
Siete troppo fortunati
A noi ſe amore
Punge il core
Sol comparte ſoſpiri e pianti.

PARAPHRASE DE L'AIR ITALIEN.

» Que vous êtes heureux, Oiſeaux! ſous ce feuillage,
» En aimant, vous chantés toûjours.
» Et dans nos plus tendres amours
» Nous n'avons bien ſouvent que les pleurs pour
» partage.

CLARICE.

CLARICE.

Quoi, toûjours du léger ?

FLORINE.

Et, vous, toûjours du tendre.

CLARICE.

On plaît, on attendrit par des accords touchants.

FLORINE.

On étonne, on féduit par de rapides chants;
A leurs attraits il faut fe rendre.

CLARICE.

Le chant doit nous flatter.

FLORINE.

Le chant doit nous furprendre.

ENSEMBLE.

Pouvés-vous me le difputer ?

FLORINE.

On aime le léger,

CLARICE.

On aime mieux le tendre.

SCENE III.

DORANTE, FLORINE, CLARICE

DORANTE.

LEs plaisirs en ces lieux viennent se présenter;
Ils vous offriront un hommage,
Qui de vos goûts divers fait briller l'assemblage.

DORANTE, FLORINE, CLARICE.

L'ennui suit bientôt les desirs,
Quand ils ont obtenu les biens les plus aimables ;
Il faut varïer les plaisirs
Pour les rendre durables.

On entend un Prélude.

DORANTE.

Ecoutons nos Bergers, ils se rassemblent tous ;
Les champêtres plaisirs ne sont pas les moins doux.

SCENE IV.

DORANTE, FLORINE, CLARICE, BERGERS, BERGERES, JARDINIERS.

CHŒUR.

PRintems, dans nos bocages
Viens, remplis nos desirs;
Sous tes naissants feuillages
Viens payer nos soûpirs.
Rend-nous les zéphirs;
Les rossignols & leurs ramages,
Rend-nous les zéphirs
Les ris, les jeux & les plaisirs.

On danse.

CHŒUR.

Que ton retour assûre
De précïeux moments!
Qu'il naît sous la verdure
De tendres sentiments!
Dans tes jours charmants,
Que les ruisseaux & leur murmure,
Dans tes jours charmants,
Enchantent les heureux Amants!

On danse.

CLARICE.

Le Printems ſeul nous procure
Des plaiſirs toûjours divers:
Flore reprend ſa parure,
Que d'appas nous ſont offerts !
Des ruiſſeaux l'onde murmure,
Zéphire adoucit les airs.
Les oiſeaux ſous la verdure
Font entendre leurs concerts.
Le Printems ſeul nous procure
Ces plaiſirs toûjours divers:
C'eſt l'amant de la Nature,
Il enchante l'Univers.

On danſe.

FLORINE.

Le Papillon infidele
Près de la fleur la plus belle
Ne peut jamais s'arrêter.
Amants, qui cherchés à plaire,
Gardés-vous de l'imiter
Dans ſa tendreſſe legere.

L'amant qui perſévere
Se fait ſeul écouter.
L'amant qui perſévere
Merite ſeul de remporter
Les couronnes de Cythere. *On danſe.*

UN BERGER, & le CHŒUR.

Célébrons le Printems, que toutes nos Musettes
Annoncent son retour :
Qu'avec les jeux & l'Amour
Il regne dans nos retraites :
C'est la saison des fleurs,
Des plaisirs & des cœurs.
Célébrons, *&c.*

On danse.

FIN DU PROLOGUE.

ACTEURS.

MOMUS,	M. GÉLIN.
APOLLON, *déguisé en Berger*,	M. LOMBARD.
THALIE,	Mlle. LEMIERE.
LICORIS, *Bergere*,	Mlle. CHEVALLIER.
EUTERPE,	Mlle. DUBOIS. l.
Un SUIVANT D'EUTERPE,	M. LARRIVÉE.
Une SUIVANTE de TERPSICORE,	Mlle. DUBOIS. l.
Un VIEILLARD,	M. LARRIVÉE.
Une VIEILLE,	Mlle. VILLETTE.

SUITE DE MOMUS,
SUITE DE THALIE, } *Caractérisées par la Comédie Françoise, la Comédie Italienne, &c.*

DIEUX ET DÉESSES.

LE TEMS.

LES AGES, LES SAISONS.

PERSONNAGES DANSANTS.

ACTE PREMIER.

PANTOMIMES.

Mrs. Lany, Lyonnois.
Mlles. Lyonnois, Asselin.

COMÉDIE FRANÇOISE.

	Meſſieurs.		Meſdemoiſelles.
Criſpin,	Valentin.	*Eſpagnolette*,	Lacour.
Paſquin,	Lelievre.	*Soubrette*,	Blin.
Thomas Diaphoirus,	Beate.	*Niaiſe*,	Rey.
Le Baron de la Craſſe,	Deſplaces.	*Madame De Sottenville*,	Deſchamps.

COMÉDIE ITALIENNE.

	Meſſieurs.		Meſdemoiſelles.
Arlequin,	Cezeron.	*Arlequine*,	Leclerc.
Pantalon,	Hyacinte.	*Vénitienne*,	Sian.
Le Docteur,	Trupty.	*Bolonoiſe*,	Saron.
Scapin,	Hus.	*Colombine*,	Procope.

ACTE SECOND.

GRACES.

Mlle. Riquet.
Mlles. Chaumard, Demiré.

AMOURS.

Mrs. DOURDET, SIMONET.

	Messieurs.		Mesdemoiselles.
Céphale,	LAVAL.	*L'Aurore*,	CARVILE.
Zéphir,	Beate.	*Flore*,	Martigny.
Endimion,	Rivet.	*Diane*,	Sian.
Adonis,	Levoir.	*Vénus*,	Couppé.
Bacchus,	Henry.	*Érigone*,	Chevrié.
Vertumne,	Hamoche.	*Pomone*,	Morel.

ACTE TROISIÉME.

TERPSICORE, Mlle. LANY.

CHASSEURS & CHASSERESSES.

Mr. LYONNOIS, Mlle. LYONNOIS.

M · Henry, Rivet, Hus, Desplaces.

Mlle Chevrié, Riquet, Asselin, Sian.

MASQUES GALANTS.

Mr. VESTRIS.

Mr. LANY, Mlle. DEMIRÉ.

Mrs. Lelievre, Trupty, Levoir, Gardel.

Mlles. Couppé, Chaumard, Blin, Lacour.

VIEILLARDS ET VIEILLES.

Mrs. Beate, Cezeron.

Mlles. Deschamps, Valentin.

ENFANTS.

Mrs. Dourdet, Simonet.

Mlles. Leclerc, c., Julie.

LE CARNAVAL

LE CARNAVAL DU PARNASSE.

BALLET HÉROÏQUE.

ACTE PREMIFR.

Le Théâtre représente le Mont Parnasse & la Fontaine d'Hipocrêne.

SCENE PREMIERE.

MOMUS, seul.

PRÉCIPITÉS vos eaux, dangereuse Hipocrêne;
Coulés moins lentement dans le double Valon;
Fuyés, dérobés-vous à la soif inhumaine

De plus d'un enfant d'Apollon ;
Et, par pitié pour nous, laiſſés tarir leur veine.

SCENE II.

MOMUS, APOLLON, *déguiſé en Berger.*

MOMUS.

SOus l'habit d'un Berger c'eſt Apollon ! o Cieux!
Va-t-il retourner chés Admete ?
Phœbus, le Dieu des vers ſe déguiſeroit mieux,
S'il préféroit au fer de la houlette
Du redoutable Mars le fer victorieux.

APOLLON.

Quelque déguiſement que Momus voulût prendre,
Bien-tôt à le connoître on feroit parvenu.
Mais ſans ſe déguiſer, s'il vouloit nous ſurprendre,
Il n'auroit qu'à louër, il ſeroit méconnu.

MOMUS.

Le flateur Apollon emprunte mon langage ?

APOLLON.

A badiner la ſaiſon nous engage ;
Nous allons commencer nos jeux ;
Les Muſes vont bien-tôt, ſous ce charmant ombrage,

Faire briller leurs chants, & répondre à mes vœux;
Nous bannirons les ſoins & les ennuis fâcheux.

MOMUS.

Peut-on bannir l'ennui des lieux qui l'ont vû naître?
Le Parnaſſe fut ſon berceau.

APOLLON.

Pour ſuſpendre vos traits, vous allés voir paroître
Un ſpectacle nouveau.

MOMUS.

Licoris l'ornera...

APOLLON.

De même que Thalie.

MOMUS.

Vous parlerés de votre amour.

APOLLON.

Vous ſignalerés en ce jour
L'aimable chaîne qui vous lie.

ENSEMBLE.

Nous verrons qui des deux
Sera le plus heureux.

APOLLON.

Parmi nos jeux divers, on nous prépare encore
Des Ballets inventés, conduits par Terpſicore.

MOMUS.

A tous vos vers je préfere ſes pas.

APOLLON.

Ne voulés-vous jamais que rire?

MOMUS.

Non, je ne veux jamais que rire.

APOLLON.

L'effroi vole ſur vos pas,

MOMUS.

L'ennui vole ſur vos pas.

APOLLON.

Ne trouvés-vous des appas
Que dans le fiel de la ſatire?

MOMUS.

Je ne trouve des appas
Que dans le ſel de la ſatire.

On entend un prélude.

MOMUS.

Qui peut troubler un entretien ſi doux?

APOLLON.

C'eſt Thalie, elle vient, je la laiſſe avec vous.

MOMUS.

Un Confident diſcret à propos ſe retire.

SCENE III.

THALIE, MOMUS.

THALIE.

MOmus dans ce séjour !

MOMUS.

J'y suis rappellé par l'Amour.

Contre l'Amour cessés de vous défendre :
Si vous saviés combien il est doux de s'y rendre,
Du plus fidele amant vous combleriés les vœux.
Ah! connoissés ses charmes :
Ce n'est qu'en cédant à ses armes
Que l'on peut être heureux.

THALIE.

Momus, il est donc vrai que votre cœur soûpire?
Est-il possible d'enflâmer
Un Dieu qu'enchante la satyre ?

MOMUS.

Peut-on voir un instant vos yeux, faits pour charmer,
Sans oublier l'art de médire,
Et sans apprendre l'art d'aimer?
Daignés de mon destin finir l'incertitude...

THALIE.

J'aime votre inquiétude,

Elle prouve votre ardeur.

L'amant que la crainte agite,
N'eſt jamais vain ni trompeur :
Et douter de ſon bonheur,
C'eſt prouver qu'on le mérite.

MOMUS.

Qu'entens-je ? ô Ciel ! quelle félicité
Pour mon amour extrême !
Ah, Thalie ! ...

THALIE.

Il eſt tems de vous dire que j'aime,
Que j'aimerai toûjours.... la liberté.

MOMUS.

Que cet aveu fatal m'inſpire de colere !
Cruëlle ! concevés l'excès de ma douleur !

En riant.

Vous m'avés prévenu, c'eſt-là tout mon malheur :
Thalie, autant qu'à vous la liberté m'eſt chere.

THALIE.

Dans cet ingénïeux détour
Des ſuperbes amants je reconnois l'amour.
Les cœurs vains ſont gênés dans leurs ardeurs nouvelles ;
Ils taiſent les rigueurs que s'attirent leurs feux :

Ils rougissent d'être fideles,
Quand ils ne peuvent être heureux.

MOMUS.

Et moi, je reconnois la vanité des belles :
Elles pensent que jamais
L'empire de leurs attraits
Ne peut trouver de rebelles.

THALIE.

Momus, épargnons nous ; il est d'autres sujèts
Plus dignes de nos traits.

ENSEMBLE.

Vous, qui volés sans-cesse sur nos traces,
Rassemblés-vous, accourés Ris & Jeux.

SCENE IV.

MOMUS, THALIE,
Leur suite, Acteurs François & Italiens.

CHŒUR. *On danse.*

VOus, qui volés sans-cesse sur nos traces,
Rassemblés-vous, accourés Ris & Jeux.
Fuyés, Amour, fuyés, enchanteur dangereux,
Fuyés ; mais laissés-nous les Plaisirs & les Grâces.

On danse.

THALIE & le CHŒUR.

Loin de nos bois, asiles de la paix,

Portés vos feux, portés vos traits,
Dieu trompeur de Cythere. Loin, *&c.*
On ne connoît que trop & vous & votre mere;
Vous abusés les cœurs
Par des serments flateurs,
Que vous ne tenés guere. Loin, *&c.*
Votre premier abord fait plaire,
Vous ne présentés que des fleurs;
La rôse, malgré ses douceurs,
Cause souvent une piquûre amere.
Loin, *&c.*

MOMUS. *On danse.*

Dans le choix d'un amant, l'Amour de son bandeau
Couvre souvent les yeux des belles.
Qu'il m'épargne ses traits, qu'il garde son flambeau;
Je ne veux de lui que ses aîles.
Gardons-nous de fixer nos vœux,
Les trop sensibles cœurs ne sont jamais heureux;
Les plaisirs les plus doux sont pour les infideles.
Dans le choix, *&c.*

CHŒUR. *On danse.*

Que votre gloire vous rassemble
Plaisirs, suivés toûjours nos pas:
Vous n'offrés vos plus doux appas
Que lorsque vous brillés ensemble.

FIN DU PREMIER ACTE.

ACTE

ACTE SECOND.

Le Théâtre repréſente les bords du Permeſſe, & un Bois de Lauriers.

SCENE PREMIERE.

LICORIS, *ſeule.*

D'UN trait flateur,
L'Amour attaque en vain mon cœur ;
Il ſaura réſiſter à ſes plus fortes armes.
Ah, quel bonheur !
S'il ne peut être mon vainqueur.
Des chants de mon Berger j'admire la douceur,
Sans céder à leurs charmes.

D'un trait flateur
L'Amour attaque en vain mon cœur.
Il ſaura réſiſter à ſes plus fortes armes.
Ah, quel bonheur!
S'il ne peut être mon vainqueur.

SCENE II.

MOMUS, LICORIS.

MOMUS, à part.

UN deſir curïeux près d'Apollon m'attire...

LICORIS.

Que cherche ſur ces bords le Dieu de la ſatyre?
L'innocence & la paix habitent ces beaux lieux.

MOMUS.

Je ſuis ſur le Parnaſſe, où peut on être mieux,
Quand on aime à médire?

LICORIS.

C'eſt dans ces bois que les héros
Sont couronnés par Melpomene.

MOMUS.

C'eſt en ſortant d'ici, qu'ils portent ſur la ſcêne
Moins de lauriers que de pavots.

LICORIS.

Momus, rien ne peut vous contraindre;
Dans vos difcours vous ne ménagés rien....
Craignés...

MOMUS.

Qui dois-je craindre?
Quel pouvoir eft égal au mien?
Si l'Époux de Junon veut allarmer la terre,
Il lui faut les éclats & les feux du tonnerre.
Le trident de Neptune, effroi des matelots,
Déchaîne l'Aquilon, & fouleve les flots.
Le tiran des Enfers voit au fond du Ténare,
Cent monftres réunis fuivre fa loi barbare:
La mort vole à fa voix, & fert fa cruauté.
De tous ces Dieux le courroux redouté,
Fait trembler fous leur empire
L'Univers épouvanté.
Mais pour être refpecté,
Momus n'a befoin que de rire.

LICORIS.

A quelle beauté dans ces lieux
Soûmettés-vous le cœur du plus puiffant des dieux?

Si vous aimés une Mufe,
Votre efprit a des appas,

Et la raillerie amuse;
Mais elle n'attendrit pas.

MOMUS, appercevant Apollon.

J'apperçois un Berger qui sait flater les belles,
Il n'a pourtant jamais trouvé que des cruëlles.

à part.

Cachons-nous; je veux l'écouter,
Et savoir le succès de ses ardeurs nouvelles.

SCENE III.

APOLLON, LICORIS, MOMUS, *caché.*

APOLLON.

ME fuirés-vous toûjours? eh, pourquoi me quitter?

LICORIS.

Par vos charmants accords vous pouvés m'arrêter.

APOLLON.

C'est un soin qui m'occupe & me charme sans-cesse:
Je chante vos attraits, je chante ma tendresse.
Vous ne m'écoutés pas? quel mépris rigoureux!

LICORIS.

Je ne veux point entendre
Un langage trop tendre.

APOLLON.

Peut-on allumer tant de feux
Sans ressentir la plus légere flâme ?
Quel prix n'obtiendroient pas mes soûpirs & mes vœux,
Quel bonheur combleroit mon âme,
Si les parfaits amants étoient les plus heureux !
Quoi, toûjours insensible au feu qui me dévore,
Vous me fuyés encore !
Eh, pourquoi me quitter ?

LICORIS.

Par vos charmants accords vous pouvés m'arrêter.

APOLLON.

J'obéis : le devoir d'une tendresse extrême
C'est d'obéir à ce qu'on aime.

LICORIS.

Rendés d'abord hommage au Souverain des dieux.

APOLLON chante.

Les rebelles Titans lui déclarent la guerre,
Il fait éclater son tonnerre,

Il eſt déja vengé de ces audacïeux.
Embrâſés, écraſés, ils tombent ſur la terre,
Que leur fureur impie élevoit juſqu'aux cieux.
Ce Dieu puiſſant, ce Dieu ſi redoutable,
Se laiſſoit dèſarmer par un objet aimable....
S'il eût vu vos attraits...

LICORIS.

Vous devés de Bacchus publïer les bienſaits.

APOLLON.

Chantons Bacchus & ſon rïant Empire;
Nous devons célébrer ſon jus délicieux.
Le feu que ſa liqueur inſpire,
Rend un mortel égal aux dieux.

La raiſon vaut bien moins que ſon charmant délire:
Jamais, comme elle, il ne trompe nos vœux.
Trop ſouvent ſous le myrthe on ſe plaint, ou ſoûpire;
Et ſous la treille on eſt toûjours heureux.

Chantons Bacchus, *&c.*

Ignorés vous que le Fils de Séméle
D'Érigone fut le vainqueur?

LICORIS.

Je ſais qu'il devint infidele....

APOLLON.

Il eût été constant s'il avoit eu mon cœur.

LICORIS.

Cessés de me vanter l'Amour & sa puissance,
Chantés plutôt Diane & son indifférence.

APOLLON.

Armons-nous, préparons nos traits,
Suivons le cor qui nous appelle,
Armons-nous, préparons nos traits;
Ah, que la chasse unit d'attraits!
Imitons l'aimable Immortelle,
Qui triomphe dans nos forêts....
Armons-nous, *&c.*

Hélas! cette Déesse, à l'Amour si contraire,
Cette Déesse si sévére,

LICORIS sort.

Aimoit un Berger comme moi...
Ciel! qu'est-ce que je voi!

SCENE IV.

MOMUS, APOLLON.

MOMUS.

Vous voyés le témoin des transports de votre âme,
Et du prix qu'obtient votre flâme.

APOLLON.

Ah, Licoris, quelles rigueurs!

MOMUS.

Vos talents enchanteurs
Sont toûjours sûrs de plaire,

On entend un prélude.

On vient; pendant les jeux n'allés pas me distraire.

SCENE V.

APOLLON, MOMUS, EUTERPE,
Suite D'EUTERPE.

Euterpe, ayant ordonné le triomphe de l'Amour, les Dieux & les Héros de l'antiquité, conduits par les Grâces & les Plaisirs, précédent le Fils de Vénus, porté sur son Trône. On le voit au fond du Théâtre assis sur un Globe terrestre, soûtenu par les quatre Parties du Monde.

EUTERPE.

CHantés, dansés, amusés-vous,
Goûtés bien des instants si doux.

LE

CHŒUR.

Chantons, dansons, amusons-nous,
Goutons bien des instants si doux.

EUTERPE.

Que les Jeux vous suivent sans-cesse,
Et préviennent tous vos desirs;
Laissés trïompher les plaisirs,
Laissés murmurer la sagesse.
Chantés, dansés, *&c.* *On danse.*

EUTERPE.

Le Dieu qu'on adore à Cythere
Donne les jours les plus charmants.

CHŒUR.

Le Dieu qu'on adore, *&c.*

EUTERPE.

Si nous avons d'heureux moments,
Nous les devons à l'art de plaire.
Le Dieu qu'on adore à Cythere,
Donne les jours les plus charmants.

On danse.

Un Suivant d'Euterpe.

Amour, les Cieux, la Terre & l'Onde,
Tout vous éleve des autels,

Vos traits, vainqueurs du Monde,
Enchantent jusqu'aux Immortels.

Que de vos flâmes
Naissent de douceurs!
Dieu de nos cœurs,
Daignés sur nos âmes
Toûjours répandre vos faveurs.

Amour, les Cieux la Terre & l'Onde,
Tout vous éleve des autels,
Vos traits, vainqueurs du Monde,
Enchantent jusqu'aux Immortels.

On danse.

FIN DU SECOND ACTE.

ACTE TROISIEME.

Le Théâtre repréſente un Jardin avec des Gradins ; le fond eſt occupé par une grande Pendule.

SCENE PREMIERE.

MOMUS, habillé en Berger.

DANS le Bal du double Valon,
Momus, berger, ſera mieux maſqué qu'Apollon.
Une ſeconde fois près d'un objet aimable
Offrons de nouveaux ſoins dans ce riant ſéjour :
Un déguiſement favorable
Sert les ris & les jeux, & quelquefois l'Amour.

SCENE II.

MOMUS, THALIE, *habillée en Bergere.*

MOMUS, à part.

QUe vois-je? ah, l'aimable Bergere!

THALIE, à part.

Que ce Masque est galant! qui l'attire en ces lieux?

MOMUS, à part.

Quel éclat brille dans ses yeux!

THALIE, à part.

Il m'observe... auroit-il le dessein de me plaire?

MOMUS, abordant THALIE.

Le masque cache en vain la moitié de vos traits,
Il ne peut vous ravir cent conquêtes nouvelles,
Ce que l'on voit de vos attraits
Suffit pour trïompher des cœurs les plus rebelles.

THALIE.

Céder si-tôt à nos appas,
Ce n'est point augmenter leur gloire:
D'une si facile victoire,
Un vainqueur ne s'honore pas.

MOMUS.

Ne point céder eſt une offenſe,
Qui bleſſe la fierté.
Moins on réſiſte à la beauté,
Plus on fait briller ſa puiſſance.

THALIE.

Dans les cœurs ſi-tôt enflâmés,
L'inconſtance eſt à craindre,
Les feux aiſément allumés,
Plus aiſément peuvent s'éteindre.

MOMUS.

Dans les cœurs que vous enflâmés,
Le changement n'eſt pas à craindre;
L'inconſtance ne peut éteindre,
Des feux par vos yeux allumés.

THALIE.

Entre tous les amants qui nous rendent hommage,
Comment être ſûr de ſon choix?
Le cœur fidele & le volage,
En s'expliquant pour la premiere fois,
Se ſervent du même langage.

MOMUS.

Ah! ne réſiſtés point à mon empreſſement;
Si vous voulés un cœur fidele & tendre.

Craignés de vous méprendre,
Craignés de refuser le véritable amant.

THALIE.

Ah! ne cherchés point à me plaire,
Si votre amour n'est pas sincere.

MOMUS.

Je vous aime sincerement,
Croyés-en mes soûpirs, & croyés-en vos charmes;
Oui, vos beaux yeux dans ce moment,
Garants de mes transports, condamnent vos allarmes.

THALIE.

Si vous m'aimés sincerement,
J'en croirai vos soûpirs, sans en croire mes charmes.

MOMUS.

Achevés ma félicité,
Ne cachés plus à mon œil enchanté,
Ces attraits dont mon cœur sent déja la puissance.

THALIE.

Dois-je avoir moins d'impatïence,
De connoître l'amant qui soûmet ma fierté.

MOMUS, à part.

Momus n'est pas connu d'une simple bergere.

THALIE, à part.

Pour un jeune berger Thalie est étrangere.

ENSEMBLE, se démasquant.

Je puis ôter mon masque sans danger.

THALIE. Momus, o Ciel!

MOMUS. Thalie, o Ciel!

THALIE, en riant.

La méprise est légere!

MOMUS.

Quelle bergere!

THALIE.

Quel berger!

SCENE III.

LICORIS, à MOMUS, sortant.

BErger, chanterés-vous dans la nouvelle fête,
Que sur le Parnasse on apprête?
Il ne m'écoute pas, il fuit; quel changement!
Quoi, le mépris succéde à tant d'empressement!
Mais d'où naissent les allarmes
Que me causent ses froideurs?
De ses talents enchanteurs,
N'ai-je point trop goûté les charmes?
Ce Berger dangereux a su m'accoutumer

A chérir des accents où regne la tendresse...;
Comment se défendre d'aimer
L'objet qu'on applaudit sans-cesse?
Mais il revient....

SCENE IV.

LICORIS, APOLLON.

LICORIS, à Apollon.

PAr une feinte ardeur,
Vous vouliés donc tromper mon cœur?
Je viens de voir votre inconstance.
Vous restés interdit, vous gardés le silence.

APOLLON.

Dieux! quel soupçon! l'ai-je pu mériter?
Mais quand je changerois, pourriés-vous regretter
L'objet de votre indifférence.

LICORIS.

La douceur de vos chants avoit su me charmer,
J'allois peut-être vous aimer.

APOLLON.

M'aimer!... Eh bien, si le nom d'infidele
M'attire seul votre courroux,

Bergere

Bergere, désabusés-vous :
Non, je ne brûle point d'une flâme nouvelle.
Qui pouroit vous ravir un cœur
Enchaîné par vos nœuds, enchanté par vos charmes?
Des beautés, qu'on trahit pour un nouveau vainqueur,
Vous ne devés jamais éprouver les allarmes.

LICORIS, *voyant Momus démasqué qui passe au fond du Théâtre.*

Que vois-je ? ô Ciel ! quoi, c'est Momus,
Qui trompoit mes yeux prévenus.

APOLLON.

Croirai-je, Licoris, ce que je viens d'entendre ?
Et me permettés-vous
D'expliquer vos soupçons jaloux ?

LICORIS.

Je ne saurois vous le défendre,
Mon cœur est trop charmé d'avoir laissé surprendre
Un aveu, qui vous livre aux transports les plus doux.

APOLLON.

Vous faites le bonheur de l'amant le plus tendre.

SCENE V.

MOMUS, APOLLON, LICORIS.

MOMUS.

BErgere, vous aimés, que je plains votre erreur !
C'eſt un Dieu déguiſé qui vous offre ſon cœur. . . . .

LICORIS.

Son rang n'augmente point le prix de ma victoire ;
Et je ne vois de lui que ſa fidele ardeur.

MOMUS.

C'eſt Apollon que vous comblés de gloire :
Craignés ſon inconſtance, en feſant ſon bonheur.

LICORIS.

Je ſens trop de plaiſir pour ſentir des allarmes.

APOLLON.

Que mon ſort a de charmes !
Licoris m'aime, & vient de me le déclarer,
Ah, Licoris ! daignés le redire ſans-ceſſe. . . .

LICORIS.

Aimés, vous connoiſſés le prix de la tendreſſe ;
Vous la chantés trop bien pour ne pas l'inſpirer.

LICORIS APOLLON.

L'amour m'enflâme,
Pour jamais.
Il répand dans mon âme
Ses plus doux attraits.

MOMUS.

Terpsicore, offrés-nous vos naïves images
Du Tems, des Saisons, & des Ages.

SCENE VI.

APOLLON, LICORIS, MOMUS.
TERPSICORE, THALIE,

On danse.

Le Tems, les Saisons, & les Ages. L'âge Viril paroît le premier, représenté par des Chasseurs. Ensuite des Masques galants figurent l'Adolescence. Les deux Enfances arrivent ensemble. Ces différents Quadrilles sont conduits par TERPSICORE.

CHŒUR.

PRofités du tems;
Il s'échappe, il fuit sans-cesse,
Rien n'égale la vîtesse
Des heureux instants:
Profités du tems,
Souvent perdu par la jeunesse,

Et regretté par la froide vieilleſſe :
Ses bienfaits ne ſont pas conſtants :
Il paroît long à l'eſpérance ,
Aux ennuis , à l'indifférence ;
Il paroît court aux cœurs contents.

Profités du , *&c.* *On danſe.*

Une SUIVANTE *de* TERPSICORE.

Jeunes cœurs , prenés vos armes ,
Chaſſés les monſtres des bois.
Les bois n'ont-ils pas des charmes
Pour les dieux & pour les rois ?

Jeunes cœurs , *&c.*

Second Couplet.

Heureux qui ſe laiſſe prendre
Dans les piéges des amours !
Quand ils veulent nous ſurprendre ,
Ne craignons que les ſecours.

Heureux qui , *&c.* *On danſe.*

Une SUIVANTE *de* TERPSICORE.

Il n'eſt que deux ſaiſons dans l'amoureux empire ,
Tout eſt hyver lorſqu'en vain on ſoûpire
Pour les cœurs contens ,
Tout eſt printems. *On danſe.*

Un VIEILLARD , *aux Enfants.*

Joüés , Enfants ; imités les zéphirs

Errants dans un bocage :
Heureux, trop heureux âge!
Les ris &les jeux ſeuls régnent ſur vos deſirs,
Vous goûtés un ſort qu'on envie :
Danſés, amuſés-vous,
Profités des inſtants les plus chers de la vie :
Ah, nos premiers plaiſirs ſont toûjours les plus doux! *On danſe.*

Une VIEILLE.

Mortels, que le plaiſir diſpôſe de vos ans;
Que, malgré la raiſon, il triomphe ſans-ceſſe :
Il accroît les beaux jours de l'aimable jeuneſſe,
Et juſques chés l'hyver, il conduit le printems.

On danſe.

THALIE & le CHŒUR.

Liberté charmante,
Regnés à-jamais;
Que toûjours on chante
Vos divins attraits.

Sous vos loix on ne reſpire
Que la paix & la douceur,
Ce n'eſt que dans votre empire
Qu'on trouve le vrai bonheur.
Liberté charmante, *&c.*

On danſe.

FIN.

APPROBATION.

J'AI lu, par ordre de Monseigneur le Chancelier, une nouvelle Edition du Ballet : Intitulé le CARNAVAL DU PARNASSE. A Versailles, ce 6 Avril 1759.

DEMONCRIF.

PRIVILEGE DU ROY.

LOUIS par la grace de Dieu, Roi de France & de Navarre : A nos amés & feaux Conseillers, les Gens tenans nos Cours de Parlemens, Maîtres des Requêtes ordinaires de nôtre Hôtel, Grand'Conseil, Prevôt de Paris, Baillifs, Sénéchaux, leurs Lieutenans Civils, & autres nos Justiciers qu'il appartiendra, Salut. Nôtre très-cher & bien amé le Sieur LOUIS ARMAND EUGENE DE THURET, cy-devant Capitaine au Regiment de Picardie, Nous a fait répréfenter que, par Arrest de nôtre Conseil du 30 May 1733. Nous avons revoqué le Privilege qui avoit été accordé au Sieur le Comte & ses Associez, pour raison de l'Académie Royale de Musique, ses circonstances & dépendances, & rétabli ledit Privilege en faveur dudit Sieur Exposant, pour en joüir par lui, ses Associez, Cessionnaires & ayans-cause, aux charges & conditions portées par ledit Arrest, pendant le temps & espace de vingt-neuf années, à compter du premier Avril de ladite année 1733, & que pour l'exploitation dudit Privilege, ledit Sieur Exposant se trouve obligé de faire imprimer & graver les Paroles & la Musique des Opera qui doivent être représentés; mais que pour cet effet il a besoin de notre Permission & des Lettres qu'il Nous a très-humblement fait supplier de lui accorder. A CES CAUSES, Voulant favorablement traiter ledit Exposant : Nous lui avons permis & permettons par ces Presentes, de faire imprimer & graver *les Paroles & Musique des Opera, Ballets & Fêtes qui ont été ou qui seront représentés par l'Academie Royale de Musique, tant séparément que conjointement*, en tels Volumes, forme, marge, caractere, & autant de fois que bon lui semblera, & de les faire vendre & débiter par tout notre Royaume; pendant le temps de vingt neuf années consécutives à compter du jour de la datte desdites Présentes. Faisons défenses à toutes personnes de quelque qualité & condition qu'elles soient d'en introduire d'impression ou Gravures Etrangere dans aucun lieu de notre obéissance; Comme aussi à tous Imprimeurs, Libraires, Graveurs, Imprimeurs, Marchands en Taille-Douce, & autres, de graver, ni faire graver, d'imprimer, ou faire imprimer, vendre, faire vendre, débiter ni contrefaire lesdites Impressions, Planches & Figures de Paroles, de Musique des Opera, Ballets & Fêtes, qui ont été ou qui seront représentez par ladite Academie Royale de Musique, tant séparément que conjointement, en tout ni en partie, sans la permission expresse & par écrit dudit Sieur Exposant, ou de ceux qui auront droit de lui, à peine de confiscation tant des Planches & Figures que des Exemplaires contrefaits, & des Utanciles qui auront servi à ladite contrefaction, que Nous entendons être saisis en quelque lieu qu'ils soient trouvez, de dix mille livres d'amende contre chacun des Contrevenans, dont un tiers à Nous, un tiers à l'Hôtel-Dieu de Paris, l'autre tiers audit Sieur Exposant, & de tous dépens, dommages & interests, à la charge que ces Présentes seront enregistrées tout au long sur le Registre de la Communauté des Libraires & Imprimeurs de Paris, dans trois mois de la datte d'icelles; que la Gravure & Impression desdites Paroles & Opera sera faite dans notre Royaume & non ailleurs, en bon papier & beaux caracteres, conformément aux Reglemens de la Librairie, & notamment à celui du dix Avril 1725. & qu'avant de l'exposer en vente, les Manuscrits gravés ou imprimés seront remis dans le même état où l'Approbation y aura été donnée ès mains de notre très-cher & féal Chevalier Garde des Sceaux de France, le Sr Chauvelin; qu'il en sera remis deux Exemplaires de chacun dans notre Bibliotheque publique, un dans celle de notre Château du Louvre, & un dans celle de notre très-cher & féal Chevalier Garde des Sceaux de France le Sr Chauvelin. Le tout à peine de nullité des Présentes; Du contenu desquelles Vous mandons & enjoignons de faire jouir ledit Sieur Exposant, ou ses Ayans-cause, pleinement & paisiblement sans souffrir qu'il leur soit fait aucun trouble ou empêchement. Voulons que la Copie desdites Présentes, qui sera imprimée tout au long au commencement ou à la fin dudit Ouvrage, soit tenue pour dûement signifiée, & qu'aux Copies collationnées par l'un de nos amés & féaux Conseillers & Sécretaires, foy soit ajoûtée comme à l'Original. Commandons au premier notre Huissier ou Sergent, de faire pour l'exécution d'icelles tous Actes requis & nécessaires, sans demander autre permission, & nonobstant Clameur de Haro, Chartre Normande, & Lettres à ce contraires. CAR tel est notre plaisir. DONNE' à Fontainebleau, le douziéme jour du mois de Novembre, l'An de Grace mil sept cent trente-quatre, & de notre Régne le vingtiéme: *Et plus bas*, Par le Roy en son Conseil. *Signé* SAINSON, avec paraphe.

Registré sur le Registre VIII. de la Chambre Royale des Libraires & Imprimeurs de Paris, N°. 797. fol. 779. conformément aux anciens Réglemens, confirmés par celui du 28 Février 1723. A Paris le 23 Novembre 1734.

G. MARTIN, *Syndic.*

www.ingramcontent.com/pod-product-compliance
Ingram Content Group UK Ltd.
Pitfield, Milton Keynes, MK11 3LW, UK
UKHW032009260826
14628UKWH00005B/2370

9 782329 394404